Li ^{5} 64 (réserve

Li ^{5} 64 (Rése...

A

LA VIE GE

NEREVSE DES MER-
CELOTS, BONS COMPAGNONS
& Boesmiens, contenant leur façon de viure, subtilitez & gergon
mis en lumiere par. Maistre Pechon de Ruby, Gentil-homme
Breton, ayant esté auec eux en ses
ieunes ans, ou il à exercé ce beau
Mestier. *scroussa 85*

Plus à esté adiousté vn Dictionnaire en
langage Biesquien, auec l'explication en
vulgaire, mieux qu'il n'a esté aux
precedentes Imp...ns.

A TROYES,
Chez Nicolas Oudot, demeu-
rant en la ruë nostre Dame.
·1627·

EPISTRE AV SIEVR DES ATRIMES GOVRNEES.

My & frere, pource que depuis trois ans & plus que i'ay l'bôneur de te cognoistre, ie t'ay tousieurs ouy plaindre de ta fortune & que te trouuons à mal-aise, encores que ie te veisse à vne tres bonne table, te plaindre d'argent & t'ay tousieurs, veu iouer, te plaindre de n'Istre assez braue, ie t'ay veu tres bien paré. On ne sçauroit paindre vn Roy. Herode plus braue que ie t'ay veu. Iu te plains de n'estre bien monté, ie t'ay veu des poullains, & d'assez bons cheuaux, & bonnes armes, pource que l'honneur t'a mis p꜀ bas que de coustume, ie te donne ce mien œuure, afin que tu y puisse trouuer quelque cauteile pour recouurer argent, & comprend bien ces trois estats, & comment ils sont tres lucratifs & certains de finesses & cauteiles, & s'il se trouue quelqu'vn qui par mespris vous veut blasmer le discours de ce iure, ie luy respons que ie ne l'ay fait par ennie enuers vn de c'este sorte de gē ains pour laisser couller le temps & pour mon plaisir. Adieu.

LA VIE GENEREVSE

des *Mercelots* , *bons compagnon*, &
Boesmiens contenant leur façon de
viure , subtilitez & gergon , mis en
lumiere par *Maistre Pechon de Ru-*
by , *Gentil-homme* Breton ayant esté
auec ceux en ses ieunes ans, ou il à exercé ce beau mestier.

Plus à esté adiousté vn Dictionnaire
blesquien auec l'explication en vulgaire, mieux qu'il n'a esté aux precedentes impressions.

Comme l'Auteur se mist au
mestier.

Yant l'aage de neuf a dix
ans craignans que mon
Pere me donast le fouet
pour quelque faute cô-
mi e côme aduient agés
de c'este aage, ie prins resolutiô d'aller

A ij

trouuer vn petit Mercier qui venoit
souuant à la maison de mon pere, &
desirant faire quelque beau voyage,
ie resolu m'en aller auec luy : Il n'e-
stoit Cosmel, n'ayant paruenu à ce
degré, ains estoit simple Blesche &
sortoit de Pechonnerie, toutes fois
entreuoir le gourd, & deliberasmes
d'aler en Poictu faisãt estat d'y estre
iusqu'apres vandanges : Mon compagnon me disoit que i'eusse beaucoup gaigné à l'étrée des vignes pour
mettre en escrit les charges de raisins
On appelle ce mestier escarter.

Comme l'Auteur fit paction auec ce Blesche.

I'Auois desrobbé cinquante cinq
sols à ma mere, ie dis à mon compagnon que nous ferions à moitié.

Il me respond que la balle valoit
quatres liures tournois, & que i'auroit part à la concurrence de mes deniers, & qu'eussions asseuré les ri-
pes & milles & pechons qui atri-
moint nostre Coefmeloterie pour
de l'aubert huré, & quand nous eus-

mes esté trois ou quatre mois à la
campagne, i'auois du butin deux rufquins & demie menée de ronde, deux
herpes, vn broques & vn pied.

C'est à dire, qu'euffions trompé les
Gentils-hommes, & D'amoifelles &
garçons, femmes de village & payfans, leur donnant noftre marchan-
dife.

Rufquins font efcus, ouandes font
liures, ronds font douzains, herpes,
liards, pieds deniers, broque vn
double.

Les façons de coucher.

Oftre vie eftoit plaifante,
car quand il faifoit froid
nous peauffions dans l Abbaye ruffante, c'est dans le
four chaud, ou, ou l'on à tiré le pain
de n'agueres, ou fur le pelard, c'est
fur le foin, fur la fretille, fur la pailles,
fur la dure, la terre, ces quatre fortes de coucher ne nous manquoyent
felon le temps, car fi nos hoftes fai-
foient difficulté de nous loger ou la
nuict nous prenoit, s'il plouuoit
nous logions dans l'Abbaye ruffante,

& au beau temps , ſur le pelardier,
c'eſt à dire le pré : Et là eſpionnions
les ornies, ce ſont les poulles, & orni-
ons , ce ſont poullets & chappons
qui perchent aux villages dans les
arbres preſt des maiſons aux pruniers
fort ſouuent : Et la atrimions l'ornie
ſans zeruer & la gouſſions ou la fou-
quions pour de l'aubert, c'eſt à dire,
manger ou vendre: Et en affurant ſelon noſtre vouloir & commodité,
nous trouuions ſouuent à des feſtins
ou les pechons : ſe paſſoient Bleſches
& Coëſmes, ſelon leur capacité.
Ainſi faiſant bonne chere chacun ap
portoit ſon gain & larcin, que ie ne
mente. l'euſe de ce mot gain , parce
que tous les larrons en vient   C'eſte
vie me plaiſoit   fors que mon compagnon me faiſoit porter la balle en
mon rang   mais les couⱱes m'aqui-
geoient fermy , c'eſt à dire, que les
eſpaules me faiſoient mal , toutes-
fois ie ne plaignois pas mon mal, car
i auois deſia veu beaucoup de pays,
nous auions eſté iuſques à Clinon de
la Loire & au Loroux, a Breſluyre,

& en plusieurs fours chauds & froids
de pailliers & prez.

Comme ie fus contrainct de prendre la balle à bon es-cient.

ADuint qu'en nostre voyage mon compagnon demeura malade à Mouchans en Poictou le me resolus d'estre habille hô né, & aussi que i'auois bon commencement: Laissant mon compagnon ie prens la balle & la mets sur mon tendre dos qui peu a peu s'endurcilloità ce beau mestier, & allay auec d'autres à la foire de la chastaigneraye pres Fôtenay ou ie fus accoite de tous les Pechons Blesches & coesmes loticzhurés pour sçauoir si i'enteruois le gourd, & tout ime: me demandant le mot & les façons de la ceremonie, ce fut à moy entrer en carriere & payer le soupper apres la foire passé, car ils cogneurét que ie n'enteruois que de beaux, c'est à dire que ie n'entetaois le langage ny les ceremonies. Lors ie paye le festin à mes superieurs, & sur la fin du soupper le plus ancié fait vne harangue.

Pechons , c'eſt quand on à la pre-
miere balle : & du premiere voy age :
En apres Bleſche marcelot , & puis
Coeſme , c'eſt Merciar , puis le
Coeſmelotier huré , c'eſt bon mar
chand , qui porte à col ſeulement :

La harangue qui fut faiſte au nou-
ueau Bleſche.

Oeſmes: Bleſches, Coeſ-
melotiers & Pechons, le
Pechon qui ambie ô nos
is, qui ſes is: on fouqué la
morſe, il à lime enterua-
tique & gournitique, & ſon à ja paſſe
d'enteruer. Lors ils m'appellent &
me font deſcouurir , & deuant tous
me font leuer la main , & ſur la ſoy
que j'auois , pour l'heure iuré que ie
ne declarerois point le ſecret aux
petit Mercelots qu'ils ne payaſſent
comme moy , & me preſentent vn
baſſon à deux bouts & vne balle, voir
ſi ieuſſe bien mis ma balle ſur le dos,
me deſſendre des chiens d'vne main,
& d'vn autre mettre ma balle ſur le
dos ce meſme temps , & auſſi ie ſça

uois joüer du baſton à deux bouts, ſelon l'antique couſtume, en diſant, ia-
trime au paſſe ligourt du tout, c'eſt à
dire, ie deſroberay bien, ie ne ſçau-
uois rien alors, mais ils me monſtre-
rent fidellement, & auec beaucoup
d'affection ce que deſſus, & outre
m'apprindent à faire de mon baſton
le faux moutant, le raſteau, l'a quige
habin, ia braſſelet, l'endoſle, le cour-
bier, & pluſieurs autres bon tours.

Mon compagnon me trouua paſſé
maiſtre, dont il fut bien reſiouy.

C'eſt vn tour de baſton ſubtil, & le
raſteau vne façon tres adroite, la-
quige habin le tompe-chien, le braſſelet vn ſublime tour de baſtõ, qui ſe
peuuent cõprendre par l'experience.

Belle ſubtilité pour faire taire
les chiens.

NOvs nous aſſemblaſmes
nombre de Bleſches &
Coeſmes & deliberaſmes
de peauſler en vn bon vil-
lage, ou il y auoit vollaille mais il
y auoit des plus maſchans chiens du
monde qui nous vouloient deuorer

L'vn de nos compagnons, fort experi-
rimenté, nous dist : laissez moy faire,
vous voyez ces chiens bien enragez,
mais ie les feray bien taire, & vous
monsteray que nous aurons le Cor-
poral, & toute la vollaille du village
si nous voulons, car i'al herbe qui
en guerist : Il tire de sa balle quatre
cornes de vasches, deux de bœu &
deux de Bilier, & vne potœe de gres-
se de porc meslé de poul lre de cor-
ne de pied le cheual mesle ensemble
& les emplist de cest vnguent, nous
en donnant à chicun la sienne, & ar-
riuons dans ce village par diuers en-
droits. Comme les chiens voulurent
s'esmouuoir, nous leurs jttons ces
cornes, charque chien prend la sienne & de aire chere: n'abboyans nul-
lement. & prismes ce que bon nous
semb a autour du village, & embla-
mes e pelé taste la targue, c est à dire
nous enfilasmes le chemin de la prochaine ville.

　　Mon compagnon aimoit vne limougere d'vne tauerne borgne, ou
logiens souuent venant de Clisson au

Loroux Botereau , ou il nous cou-
ſtoit pour le peaux liuré deux herpes,
c'eſt à dire deux liards pour coucher.

La limougere, c'eſt à dire la chambriere , venoit au ſoir coucher auec
mon compagnon , & ſe viene mettre
contre moy: ſe fut tout eſtonné comme n'ayant iamais riué le bis toutes-
fois mõ cõpagnon dormoit: ſe m'aduenture à riuer ſelon mon pouuoir,
& ſi mon choüard euſt eſté comme il
eſt elle ſe fuſt mieux trouuée, encores
qu'elle me trouuaſt aſſez bon petit
gars: mon compagnon s'eſueille, &
deſſus, & moy de dormir en mon
ran, ie vous iure que i'auois bien
veu riuer, mais iamais ie n'auois
point riuer, mais ie ne ſçay ſi ie perdy
ce qu'on appelle pucellage, car ie pē-
ſay eſuanouyr d'aiſe Mon compagnon riua fermy, & au matin nous
allaſmes à Cliſſon, & la trouuaſmes
vne trouppe qui nous ſurpaſſoint eſ
fel cité, en pompe ſubtilité, & police
plus qu'il n'y a en l'eſtat Venicien,
comme verrez cy apres.

Mon compagnon & tres-bon amy

sçachant que nous approchions de la
riulere de Loire pour retourne vers
nos parans s'aduisa de m'affuser, c'eſt
à dire tromper, car il s'en a la auec
mon argent, & ne me reſta que huict
ſols. Mon autre compagnon s'en alla
chez mon pere, pres du lieu ou nous
eſtions, tellement que ie demeure
affuré & ſeulet, toutes-fois i'auois
fait amitie auec les plus ſignalez
gueux de ceſte grande troppe, ne
ſçachant qui me pouuoit arriuer, car
de retourner vers mon pays ie n'en
voulois ouyr parler, craignant le
foüet, ce que ie meriterois bien, &
m'accommode auec leſdicts gueux.

C'eſtoit lors d'vne aſſemblée ge-
nerale ou tous les plus ſignalez gueux
de la France eſtoient aſſemblez,
comme grands Coeſtes, premiers
Cagouz, auec autres de reſpect enuers leurs ſuperieurs, comme vne
Court de Parlement à petit reſſors :
Ie vous deſduiray cy apres ce que
i'en ày appris en neuf mois.

Vous croirez qu'en toutes les Pro-
uinces il y à vn chef de ces Docteurs

choſes certaine. Et ſelon qu'il à eſté
créé vient, recognoiſtre le chef appellé le grand Coeſre, & payer le de-
uoir. Et faut noter que tous les chaſſe
gueux qui ſont auiourd'huy aux villes ſont grands Coeſres, & tirent de
l'argent.

L'aſſemblée & ordre qu'ils tiennent à leurs eſtats generaux.

ILs s'aſſemblerent tous à l'iſſuë
d'vn grand village pres Fontenay
le Conte, & là le grand Coeſre qui
eſtoit vn tres-bel homme, ayant la
Majeſté d'vn grand Monarque, & la
façon braue, auec vne grand barbe,
vn manteau à dix milles pieces, tresbien couſuës, vne hoquette bien
pleine ſur le dos, la bezaſſe bien gar-
nie à coſté, le manteau attaché ſouz
a gorge auec vne teſte de matraz en
guiſe de bouton appellé bouzon en
noſtre paroiſſes, vne jambes tres-
pourrie, qu'il euſt bien guerie s'il
euſt voulu, vne calotte à cinq cens
mplaſtres & la teſte aſſez fort bien
aigneuſe, baſton de Monſieur le
oeſre, eſtoit de pommier, & à deux

pied pres du bas eſtoit rapporté , & là deſſouz vne bonne lame , comme d'vn fort grand poignard , & deux piſtolets dans ſa bezaſſe. Il faict met. tre a quatre pieds tous les nouueaux venus , qui eſtoient douze. Outre ſe ſied le premier ſur le dos de ces nou. ueaux venus , les Cagoux , Lieute- nant du grand Coeſre par les Pro- uinces , s'aſſirent auſſi ſur le dos des nouueaux , & ſur moy auſſi : & au milieu vne eſcuelle de bois , que nous appellons groſle : Ie fus le pre- mier appellé , & autãt eſtre interrogé failloit mettre trois ronds en la croſle les anciẽs reçeuz baillent demy eſcu vn eſcu , ou vn quart d'eſcu ſelon la prouince que dictes eſtre: L'on bail- le le Cagou qui meine pour attri- mer , & apprend les tours , & comme on ſe doit gouuerner pour acquerir de l'honneur & de la repu- tation pour paruenir à Lieutenant de Cagou, Cagou , ou Coeſre , qui eſt plus haut degré.

interrogats du grand Coefre, auec l'o-
pinion de ſes Lieutenans les Cagoux
aux nouueaux venus.

E grand Prince me de-
manda qui i'eſtois, &
comme i'auois nom, &
du lieu de la prouince :
le luy reſpons auec reſ-
pect, mon bonnet en la main, que i'e-
ſtois Breton d'aupres de Redon : lors
le Cagou de Bretaigne jette l œil ſur
moy, côme péſant que i'eſtois de ſon
goûuernement & des ſiens. Le grand
Coeſre me remonſtre comme enſuit.

Vos is atriment au tripeligourt.
Ie reſpons, Gis, c'eſt parce que
quand on paſſe Mercier le mot c'eſt,
l'atrimel le paſſeligourt, ouy hls : Ne
penſez que nôſtre vacation ne ſoit
meilleure que celle des Merciers, &
nous eſtimons autant que les plus
grands du monde, à ſçauoir : ſi vous
pouuez eſgaller à eux, Au reſte nous
ſçauons vos ſubtillitez, comme à faire taire les chiens & ſçauons les quatre ſortes de beauler, l Abbaye ruſ-
fant, la fictille , le peſard, la dure vo-

ſtre langue eſt ſemblable à la noſtre,
nous ſçauons atrimer ornies ſans
zeruer, l'artois en l'Abbaye ruffante,
voſtre Cagou, qui eſt l'vn des plus
anciens vous apprendra comme de-
uez viure, car ces le plus capable
qui ſoit venu deuant moy. Pour ab-
breger, vous promettez de ne dire le
ſecret ſur voſtre foy, auez vous mis
les trois ronds en la croſte, prenez
voſtre baſton. mettez le gros bout à
terre, & le pouſſez le plus bas que
poutrez, & dictes, i'atrime au tripeligourt, & allez baiſer les mains de
voſtre Cagou, luy promettez la
foy embraſſez moy la cuiſſe, ce que
ie fais promptement, ſur la vie ne declarez le ſecret à homme viuant, c'eſt
à dire, i'atrime au tripeligourt, ie deſroberay troisfois tresbien. Il y à vne
choſe requiſe d e ſçauoir, premier de
deſmetre tous les interrogats, ceſt
que tous les Gueux que la neceſſité
conuie de prendre les armes, comme
le pechon l'eſcuelle, & l'aquige habin & auſſi ceux qui ne veulent recognoiſtre le grand Coeſre, ou ſon Ca-
gou-

gou , on les deualize, & les tient ou
pour rebelles à l'eſtat, & entend on
compte au grand Coeſre, & là il faict
de bons butins, & faict on la fortune , le receueur de ces deniers s'appellé Briſlart.

Le reſte de l'interrogation.

PEchon de ruby , ſurquoy voulez
vous marcher : Sur la dure. Vous
eſtes bien nouueau & bien ſot, diſt le
Coeſre: Pour te faire entendre, &
afin que d'icy à quelque temps que
tu ayes plus d'eſprit, & que tu reſ-
pondes plus pertinemment, nous
marchons ſur la terre de vray , mais
nous marchons auec beaucoup d'in-
telligence : Ne m'aduoüez vous pas
qu'il y à pluſieurs chemins pour aller
à Rome ? Auſſi y à il pluſieurs chemins pour ſuiure la vertu. Et pour
conclurre, c'eſt que nos is bient en
menee d'ynres, c'eſt que nous marchons à pluſieurs intentions,

Diuerſes façons de ſuiure la vertu.

BIez ſur le ruſte , c'eſt marcher en
homme qui a bruſlé ſa maiſon, &
faindre d'auoir perdu beaucoup de

B

bien , & auoit vne fauſſe atteſtation
du Curé de la pretenduë paroiſſe ou
la maiſon doit eſtre bruſlée : & ce-
luy donne au grand coeſtre ou ſon Ca
gou vn ruſquin, c'eſt vn eſcu.

2. Biez ſur le minſu , c'eſt aller
ſans artifice, & tu payeras vn teſtouin
& iras ſimple , & l'on t'aprendra les
excellens tours.

3. Biez ſur l'anticle , c'eſt faindre
auoir voüé vne Meſſe deuant quelque Sainct pour quelque mal , ou
pour quelque hazard ou l'on ſe ſeroit
trouué & demanderez en telle ſor-
te : Donnez moy Nobles Gentils
hommes , & nobles Damoiſelles,
pour acheuer dequoy payer vne Meſ
ſe , il y à quinze iours que ie la cher-
che & ne l'ay encore amaſſeé, pour
ceſte façon vous payerez deux me-
nées de rôds ſôt vingt & quatre ſols.

4. Biez ſur la foigne, c'eſt feindre
auoir perdu ſon bien par la guerre, &
feindre auoir eſté fort riche marchand & auoir les habits conuenable
à vos diſcours, tu payeras vn ruſquir
ie te les diray toutes, & tu choiſiras

5. Biez ſur le franc mittou, c'eſt
d'eſtre malade à bon eſciét tu es fain
tu ne ſçaurois y bier: ceux la ſont pri
uilegiez , ils recognoiſſent ſeullemét
le Grand Coeſre , & prennent paſſe-
port dont ils payent cinq ronds, cela
vaut beaucouq au chef.

Biez ſur le contime, c'eſt aller à toutes intentions & auoir tant de iugement & dexterité, ſe contrefaire du
franc mitou de ruffe, de l'anticle &
de la foigne bref s'aider de tout, mais
en bonne foy il n'y en à gueres, & au
ſſi les placesſont prinſes, & auſſi tuez

Trop ſont va tu marcheras ſur l'anticle, au reſte ſi tu és ſi oſé d'aller ſur
autre intention ſans le faire ſçauoir à
ton Cagou, ie t'en feray punir, comme verrez tantoſt ce compagnon la
quevoyez lié, & aduouëray la prinſe
bonne de voſtre equîpage , tant argent qu'vtres choſes, vous promettez ſur voſtre foy, leuez voſtre main
gauche : C'eſt vne erreur que les
Cours de Parlements ſont leuer la
droicte, c'eſt celle dequoy nous tor-
chons le cul & tuons les hommes, &

Faisons tous les maux, la main gauche est la prochaine du cœur, c'est la main honneste, & sur la vie ne declarez le secret.

Faicte comme auez veu ces autres & de main en main tous les nouueaux passerent, les anciens d'vn autre costé rendoint compte au Receueur Briassart, & à mille du Coesre, tant de desualisez que de deniers ordinaires, ie diray en verité que de cinquantes ou soixante gueux qu'il y auoit en la trouppe fut receu trois cens escus.

Ils font vn roolle auec des coches sur le baston du Cagou, chacun Cagou à son roolle, & marquant ainsi leurs affaires.

Le grand Coesre se leue de dessus ce nouueau, & les Cagouz, il nous prie tous de soupper & qu'eussions assemblé nos bribes, & aussi que chacun n'auoit eu le moyen d'aller chercher à soupper, & mesmes que le iour s'estoit passé en affaires, & estoit tard.

Forme du soupper.

LE grand Coeſtre & braue Prince,
tire luy & ſa femme de ſa bezaſſe & de leurs biſſacs & courbie-
res, vn beau petit trepied, vn pot de
fer, auec ſa cueiller, vn chaulderon
ioly, vne poiſle à frire : & en meſme
endroit faiſons de grands feux, & ou
chacun Cagou auoit ſon feu & pots
eſtaller. Noſtre chef tira trois nœuds
deſchine, deux pieces de bœux, vne
vollaille qu'elle met au pot, & vn
bon morceau de mouton & de lard
& du ſaffran.   Les Cagouz à qui
mieux à belles cohourdes plaines de
bon vin, & du meilleur ou il s'en
trouue pour l'argent.   Ie puis dire
n'auoir veu faire meilleure chere depuis ſans paſtiſſerie. Nous roſtiſmes
deux bons chappons & vne oye.

Comme fut puni ce rebelle & criminel de leze Majeſte.

LE plus ancien Cogou le prend &
le deſpouille tout nud, ſon piſſe
to' en vne croſſe, auec deux poignées
de ſel, & vn peu de vinaigre, auec vn

bouchon de paille on luy frotte le
bas du ventre & le trou du cul, si bien
que le san gen vient, & m'asseure que
cela luy mange à plus d'vn mois de
la & de ceste eau faut qu'il en boiue
vn peu ou estre bien frotté. Nous par
tismes & chacun s'en vat auec son
gouuerneur de prouince, & moy a-
uec le mien. Et partant il nous assem
bla tous & nous remonstre comme
nous eussions courru tres mauuaise
fortune maisque l'obeissance c'estoit
bien necessaire à ceste vacation. Car
mes amis ie vous diray, il faut aller
tous par vn tel endroict, tantost demeurer car ie cognois tous les bons
villages, & sçay leslieux ou se font les
bós butins, & ainsi il nous étretenoit

Les maximes que nostre General nous faisoit entretenir.

IL ne faut iamais estre ensemble à
l'entrée des villes ny villages, &
importuner de demander iusques à
neuf fois & passant par les Chossées
des Estangs, ou il y à Moulins, il ne
faut passer qu'vne partie sur la

Chauſſée , & les aut res derriere le
Moulin , parce qu'il ſe preſente vne
infinité de beaux effeƈts , tant aux
maiſons eſcartées que ailleurs , car
s'il n'y à qu'vn chien il ne pourra
mordre ceux del'autre coſté de lamai
ſon , s'il y à quelques hardes quand
l'on donnera l'aumoſne de lautre co‑
ſté l'on ſubre, c'eſt à dire attrapper.

Il eſt beſoing d'auoir la bezaſſe plei
ne de cornes emplies de greſſe, ac‑
commodées ainſi qu'il faut pour faí‑
re taire les chiens la nuiƈt.

Noſtre General auoi t vn nepueu
qu'il deſiroit aduencer & de vray luy
auoit bien augmenté la creance en‑
tre nous,& le faiſoit changer de con‑
dition ſans rien payer pour l'autho‑
rité qu'il auoit En paſſant vn ſoir au.
pres d'vn gibet , la vielle d'vne foire
de Niort en Poiƈtou, ou y auoit trois
pendus nouueaux , noſtre chef faiƈt
terme aupres , & fiſmes du feu fai‑
ſans fainte de camper , & repeuſmes
enuiron deux heures de nuiƈt, traduí‑
ſe mon Cagou qui tire de ſa bez.
quatre tire ſons & vne grande bœſta
& nous meinne au pied du gibet, &

moy eſtonné, les cheueux me leuoiét
en la teſte de frayeur. Il poſe l'vn de
ſes tire-fons contre vn des pilliers
qui eſtoit de bois, appelle ce neueu,
& luy diſt. Tien monte iuſques là
haut, ce qu'il fit promptement, ce
Docteur fit coupper vn bras de l'vn
de ces péduz & le met en ſon biſſac,
& embiaſmes le pelé à deux lieuës de
la, & arriuaſmes à Niort ou trouuaſmes grand nombre de nos freres, qui
ne manquerent de recognoiſtre ce
Lieutenant, comme la raiſon leur
commandoit. Auant que le iour fuſt
bien eſclaircy, il attache les bras
de ſon nepueu derriere fort ſerré, &
ayāt deſſus ſon dos vn pacquet pour
couurir le jeu, & vn mantelet à milles pieces attaché par ſouz la gorge,
& attaché ce bras du pendu au mou-
uement de l'eſpaulle du nepueu, &
en eſcharpe en vn grand linge tache-
té de matiere de playe, & auec pro-
portion, tellement que l'on iugeoit
eſtre le bras naturel. Monſieur le
Lieutenant prend vn couſteau, & fait
vnc playe iuſques à l'os le deſcouure
                        & verſe

&verſe du ſang ſur icelle playe, & vn
peu de fleur de froment & le bras qui
eſtoit preſque corrompu? l'on iugeoit
vne parfaicte gangrene, tellement
qu'il y auoit preſſé à donner à ce bras
pourry.

Et ſi quelqu'vn n'eſtoit aſſez eſmeu
de pitié, l'oncle luy donnoit inuen-
tion de ſe mettre vn poinçon à tra-
uers le bras, & reçeuoir plus d'argent que nous tous.

Ce ſignalé Cagou nous achemi-
nant ſur nos ſubiects, nous anuertit
qu'il eſtoit beſoing de prendre garde
à nous, & eſtions preſt d'vn Moulin à
eau pres de Mortaigne de Moulinier
auoit cela de bon de ne donner iamais rien à gens de noſtre robbe. Ne
ſera il pas bon de latrimer au tripeligourt? diſt le Cagou. Chacun reſpond, gis, gis, gis. Mes enfans, il faut
aller trois par au deſſouz du moulin,
& nous autres par deſſus la chauſſée,
Les premiers importuner ſur la bil-
le, c'eſt ſur l'argent, ſur la crie. c'eſt
ſur la chair ſur le pain ou ſur la mou-
lue, c'eſt la farine & autre cas que on

C

nous donner rien. ie crieray à la force
du Roy, ils fortirons du Moulin, &
vous, vous entrerez par la grand porte, & trouuerez fur l a cheminée le
pain du Mounier, & vn coffre au pied
du lict, dãs lequel y à vn pot de beurre
l'autre prendra en la met vne fache-
tée de farine, & chacun fe retirera.
Et fans doute ie feray fortir le Moulinier & les moutaux,

Nous acheminons trois, & le chef.
la trouppe à la file, & importunant
de demander, eurent vn peu de fleur
de farine, la mirent en vne efcuelle
pour mieux ioüer le roole, le grand
Cagou la prend, ceftuy fit femblant
de luy donner vn coup de bafton, &
quereller iufques à en venir aux armes & crier à la force, Le moulinier
& les moutaux fortent pour veoir le
combat cependant nous ne perdions
fe temps, car nous executafmes ce
que deffus fort heureufement, & nõ
fans hazard, Apres ce bel effect nous
embfafmes le pelé à vne lieuë de la,
afin d'accouftrer à foupper, nous
mocquans du moulinier. Noftre Ca-

pitaine nousdict qu'il en gardoit vne
autre bié verte au moulinier, & qu'il
luy apprendroit auec le temps à don
ner l'aumofne pour l'honneur de
Dieu, Et faut croire que ce Cagou
eſtoit fort digne de ſa charge, pour
mener es gens a la guerre de l'artis &
de la crie,

Autre bon tour.

Eu de temps apres, noſtre
regiment eſtant pres de
Beaufort en vallée, noſtre
Cagou veid vn pendu à vne
potéce, qui n'y eſtoit que du iour, có
mádé à ſó neueu de demeurer derrie
re, & que la troupe s é alloit peauſſet
en vn pelardier aſſez preſde la. & luy
commanda que quand la nuict ſeroit venuë il couppaſt la couille du
pendard, oſtaſt les couiſlons de de-
dás, & l'empliſt de groſ ſable de riuiere & ce faict qu il s'en vint prompte.
mét, & qu'il trouueroit la ſétineſlelur
le grand chemin qui ſe redreſſeroit,
dás le cháp Eſtant venu ſon oncle luy
demáda s'il auoit le ſac Le neueu luy

respond qu'il auoit jetté les quilles,
& que pour le sac il estoit en seureté.
Nous auions de bon feu, car le compagnon estoit garny de bon suzil &
allumettes, auec le bon pistolet, &
dans son bourdon la bonne lame d'espée, & son nepueu assez bien armé.
Pour reuenir a nos moutons, il prend
les besongnes de nuict du pendu, &
remplit le sac de paste espicée. &
l'enfle fort grosse presque comme
la teste & la perce tout outre dés le
haut venant en bas, & resta là dedans vn trou vuide. Lors prend du
laict de la femme & du sang de chap
pon, mesmeslant le tout, cela ressem
bloit a de la matiere sortant d'vne
bloit à de la matiere sortant d'vne
apostume, & la met en ce trou vuide & le bouche iusqu'au lendemain
nous acheminans vers vne maison
de Gentil-homme appellée Mont-
geoffroy : Il nous disoit en chemi-
nant qu'ils s'en trouuoit tant qui
sçauoient la finesse du mal de iambes, mais que cela ne valloit plus
rien. Il commanda de passer outre la
maison tous deux auec luy, dequoy

i'eſtois l'vn , luy aydant a cheminer.

Au meſme temps s'attache ce con-
trepois aux coüilles naturelles, & les
enueloppe dans vn ſac artificieuſe-
ment cóme il ſçauoit Allant à c'eſte
porte de Mont Geffroy, ou y auoit
grande compignie, noſtre maiſtre
monſtroit ce beau preſent. faiſant le
demy mort, & la couleur bleſme,
auec les feintes douleurs , & tou-
chant a l'endroit du tout la matiere
ſortant de la dedans. La Dame de la
maiſon ſe promenant en ſalle de la
dite maiſon, iette l'œil ſur la douleur
de mon maiſtre, & quelques autres
Damoiſelles , partie deſquelles ſe
mirent a rire, la Dame entre autres
dit, il n'y a pas dequoy rire, mon mary ſe bleſſa vn iour en c'eſt endroit &
s'approchant dit Couurez c'eſte ſale-
té-la, l'on vous donnera l'aumoſne:
lors tirant a ſa bourſe luy donne vn
teſton, & demande ſi le Cagou auoit
iamais eſſayé a ſe faire guerir. Luy
qui auoit du iugement & de la cau-
telle , reſpond qu'il y auoit vn ieune
Chirurgien d'aupres du lieu d'où il

eſtoit qui deuoit paſſer à Saumeur de
dãs deux ou trois iours, qui luy auoit
promis de le rendre libre.

Ayant ouy la Damoiſelle ſe plaindre que ſon mary en auoit preſque
auant que le patient , luy dit mon a-
my i'ay vn ſeruiteur qui eſt malade
comme toy que ie voudrois faire gue
rit, ſi tu rencontre ton Chirurgien a-
meine le moy , & ie te nourriray &
payeray le Chirurgien , & venez ce-
ans , vous reſtaurer. Il penſa que ſon
neueu euſt eſté bon Chirurgien , &
incontinent allaſmes à ſaumur, & fit
acheter à ſon neueu vn viel pourpoint noir & ces chauſſes noires, vn
chappeau, vn eſtuy, & vn boëſtier
plein d'vnguens & repriſmes chemin , le Chirurgien à cheual , & la
Dame tres ioyenſe nous loge en vne
boulangerie, & le Barbier en vne
bonne chambre. On luy demande
s'il auoit eſperance de le guerir ſain
& il dit que ouy , encores que le patient ne pourroit endurer la force des
vnguens, parce que le mal eſt en lieu
fort ſenſible. Enfin il le traicta ſi bien

que dans dix iours il fut guery. Ce
qu'attendant la Dame du logis pour
luy mettre son mary en main, Le Sei
gneur ne faisant semblant que fust
pour luy, alla veoir le gueu qu'il trou
ua guery , ne restoit que quelques
plumaceaux pour faire bonne mine.
Retournant à sa femme, luy dist.
Mamie , voila vn tres - excellent
Chirurgien : & heureux en ses cures
le Seigneur luy demanda ou il auoit
apptins , il respondit auec vn mien
oncle qui estoit assez suffisant.

La Dame faisoit la meilleure chere
qu'elle pouuoit au Chirurgien , &
commença à le haranguer comme
ensuit.

Mon cher amy, vous estes fort expert en vostre art, d'auoir si tost guery ce pauure homme. Estes vous passé maistre ? Non : Pour tout cela ne
laisserez de garder vn secret: le vous
tient pour vn si honneste homme
que ne voudriez faire vne telle faute
de declarer vn homme d'honneur:

Iesus, dit il, Madame, i'aimerois
mieux mourir. Pour vous dire : vous

sçauez à combien de miseres les gens
d honneur sont subiects: Mon mary
que voicy se blessa vn iour, maniant
vn cheual, & vous m'attendez bien
& sont fort enflez, mais ie croy que
pouuez bien le guerir, puis qu'auez
fait la cure de ce pauure homme. Ie
vous prie d'y mettre tout vostre
pouuoir, & vous asseure que ie ne
manqueray à vous contenter, & outre vous feray vn present honneste.

La Dame va querir son mary & l'a-
meine en vne chambre & appelle le
Chirurgien & la font exhibition du
sac & besongnes de nuict. La Dame
soigneuse, comme à la verité le faict
luy touchoit. N'est il pas vray disoit
elle, q̃ le gueus estoit plus malade que mon mary? Ouy respond le
Chirurgien. Mais Madame, il ne faut
perdre temps, il faut auoir des dro-
gues & vnguents. Ou vous plaist
il que i'aille, a Tours ou a Saumur ou
Tenez, voila vingt escus, prenez ma
hacquenée & vous en allez prom-
ptemét quetir tout ce qu'il vous faut.
Ayant l instruction du Cagou, il s'en

va , & est encores à retourner voir
le patient : Au mesmes temps
que nostre Chirurgien fut party , &
nous trouuasmes à la maison neufue
trois lieuës pres d'Angers. Il auoit
desia osté les accoustremens de Chirurgien , & no⁹ cheminasmes vers
Ancenis esperans faire quelque autre tour signalé. Croyez que mon
maistre enteruoit toutime. Ils ont
d'autres tours comme faire venir le
mal S. Meen, mal de jambes, comme
si on auoit les loups ou vlceres : ils
prennent vne vessie de pourceau, &
la fendent au long dessus l'os de la
iambe, & de la paste desmeslée auec
du sang , & couurent le reste de la
iambe, fors l'endroict blessé qu'ils ca-
uent & y paroist des nerf pourris, de
la chair morte , & vne si grande pu-
trefaction qu'il n'est possible de plus.

Ils ont bien d'autres inuentions,
comme de porter deux enfans, feindre (si c'est vn homme qui les porte)
que la mere est morte qui bien souuent les porte bien , & sont le plus
souuent de deux meres, si c'est vne

femmes qui les porte, elle dira que le
pere est mort, & tant d'autres beaux
artifices. Ces teigneux, galeux est ro-
piez d'aller droict, quand ils sont les
plus forts.

Mon Cogou se courrouça contre
moy ayant trouué pres des ponts Pí-
remil pres de Nantes vne bource ou
yauoit huict liures dedans, ie la gar-
day long temps sans l'enaduertir, qui
fut cause qu'il me deualiza. Lors ie
quittay mes gueux, & allay trouuer
vn Capitaine d'Egyptiens qui estoit
dans le faulxbours de Nantes, qui a-
uoit vne belle trouppe d'Egyptiens
ou Boesmiens, & me donnay à luy:
Il me reçeut à bras ouuerts, promet-
tant m'apprendre du bien, donc ie fus
tres ioyeux il me nomma à fourette

Maximes des Boesmiens.

Quand ils veulent partir du lieu
ou ils ont logé, ils s'acheminét
tous a l'oposite & font demie lieuë
au contraire, puis se iettent en leur
chemin : ils ont des meilleures car-
tes & les plus seures, dans lesquelles
sont representées toutes les villes &

villages, riuieres, maifons de Gentils hommes & autres & s'entredon
nent vn rendez vous de dix iours en
dix iours, a vingt lieuës du lieu d'ou
ils font partis.

Le Capitaine baille au plus vieux
chacun trois ou quatre mefnageres a
conduire prennent leur trauerfe, & fe
trouuerent au rendez vous: Et ce qui
refte de bien montez & armez, il les
enuoye auec vn bõ Almanach, ou fõt
toutes les foires du monde, changeãs
d'accouftremens, & de cheuaux.

Forme de logemens.

Q Vand ils logent en quelque
bourgade, c'eft toufiours auec
la permiffion des Seigneurs du pays
ou des plus apparens des lieux, leur
departement eft en quelque grange,
ou logis inhabité.

La le Capitaine leur donne quar-
tier, & a chacun mefnage en fon
coing à part.

Ils prennent fort peu aupres du lieu
ou ils font logez, mais aux prochai-
nes parroiffes, ils font rage de deftrob
ber & crocheter les fermetures, &

s'il y trouuent quelque somme d'Argent ils donnent l'aduertissement au
Capitaine, & s'esloignont prompte
ment à dix lieuës de la. Ils font la
fausse monnoye, & le mettent auec
industrie : Ils jouënt à toutes fortes
de jeux, ils achettent toutes fortes de
cheuaux quelque vice qu'ils ayant,
pourueu qu'ils mettent de leur argēt

Quand ils prennent des viures ils
baillent gages de bon argent pour la
premiere fois pour la diffiance que
l'on à deux, mais quand ils font prests
à desloger ils prennēt encor quelque
chose, dont ils baillent pour gage
quelque fausse pieces, & retirent de
bon argent & adieu,

Au temps de la moison ils trouuent les portes fermées, & auec leurs
crochets ils ouurent tout, & desrobbent linges, menteaux, poiles, argent, & tout autre meuble & de tout
rendent compte à leur Capitaine qui
y prend son droict : De tout ce qu'ils
gaignent au ieu ils rendent aussi
compte fors ce qu'ils gaignent a dire
la bonne aduenture,

Ils hardent fort heureusement, &
couurét fort bien le vice d'vn cheual.

Quand ils sçauent quelque bon
marchand qui passe pays, ils se des-
guisent & l attrappent, & font ordi-
nairement cela pres de quelque No-
blesse faignant d'y faire leur retraicte
puis changent d'accoustrement , &
font ferrer leurs cheuaux à rebours,
& couurent les fers de fustres, craignans qu'vn les entende marcher.

Vn traict du Capitaine Charles à Moulins
en Bourbonnois.

VN iour de feste à vn petit village pres de moulins: y auoit des
nopces d'vn paysant fort riches, au-
cuns se mettent à iouer auec de nos
compagnons & perdent quelque argent , comme les vns ioüet, leurs
femmes desrobbent, & de vray y a-
uoit butin de cinq cens escus, tant
aux conuiez qu'a plusieurs autre.

Nous fusmes descouuerts pour quatre
francs qu'vn ieune marchand perdit,
qui dançoit aux nopces, lequel auoit
fermé sa maison & des coffres : Cela
empescha que fit ouuerture. Les pay

(

fans fe jettant fur nos malles, & nous
fur leurs valizes & fur leurs teftes, &
fur noftre dos a coups d'efpées &
poiétrinal , & nos Dames a coups de
coufteau, de façon que nous les eftril.
lafmés bien. Ces payfans fe vont
plaindre au Gouuerneur de Moulins.
Ceque ayant ouy, enuoyé vingt cinq
cuiraffes & cinquante harquebufiers
pour nous charger. L'vne de uos fem
mes qui eftoit a Moulins nous en
donna l'aduertiffemenr, & nous fal-
loit paffer vne riuiere qui nous in-
commodoit. Noftre Capitaine s'ad-
uance au grand torp, & laiffe vn poi.
trinalier demie lieuë derriere, luy en
chargeant qu'auffi toft qu'il defcou-
uriroit quelque chofe il nous aduer-
tift de leur nombre , ce qu'il fit : Le
Capitaine ordonna ce qu'enfuit.

L'ordre de pitié.

Out le monde fut com-
mandé de mettre pied a
terre , & fendre les hom-
mes eftre eftropiez & blef.
fez , & commande à deux femmes
de fe laiffer tomber de cheual, & fai-

resles demies mortes, l'vne qui auoit
eu enfans depuis deux iours, enfan-
glanté elle & son enfant, & ainsi le
met entre ses iambes.

Le Capitaine Charles seigne la
bouche de ses cheuaux, & ensanglan
te les enfans & ses gens pour faire
bonne pipée.

Charles va au deuant de ceste No-
blesse tout sanglant, lesquels esmeuz
de pitié tournent vers les paysans,
ayans plus d'enuie de les charger que
nous. Les vns auoient le bras au col
les iambes a l'arçon de la selle, & nostre coronnal qui ne manquoit de
remonstrer son bon droit, tellement
qu'ils se retirent & nous de picquer.

Apres leurs retraictes & que tout se
pourtoit bien, allasmes repaistre à
quinze lieuë de la. I'ay passé depuis
par ce lieu ouie vous iure qu'encores
auiourd'huy ce traict est en memoire
a ceux du pays. Si l'auois eu temps
d'escrire les bons tours que i'ay veu
faire a ses trois sortes de gens, il n'y
auroit volume plus gros: Ce folies
meslées de cautelles, c'est afin que

chacun s'en prenne garde.

Le daulu agebiant a l'anticle, au
riuage huré & violante la hurette, &
pelant la mille au coefre.
C'eft le mariage des gueux & gueu-
fesquand ils vont efpoufer ala Meffe
& comme ils difent cefte chanfon en
ceremonie.

HAu riuage trutage,
Gourt a biart a noz is,
Lime gourne riuage
Son y me foncera le bis.
    Ne le fouque aux Coefmes
Ny hurez Cagoux a tris.
Fou que au gours Coefres
Qui le riueront fermis.

Fin de la vie genereufe des Mercelots,
bons Compagnons & Boefmiens.

DICTION
NAIRE BLES QVIEN,
DONT LE FRANCOIS.
est le premier.

A TROYES.

Chez Nicolas Oudot, demeu-
rant en la ruë nostre Dame.
1627.

D

AVX LECTEVRS.

MIS Lecteurs, vous prendray ceste table comme si estoit toute-parfaicte. Vous ingerez s'il vous plaist, que le volume seroit trop gros pour si petit liuret. Ie n'auois mis icelle table aux premiers imprimez parce que ce n'estoit mon intension de faire cognoistre la langue, ains leur façon de faire. Et aussi que le general de c'este race m'auoit fait priere de ne la mettre en lumiere: toutesfois, ie n'ay laissé ne desirát fier c'este vermine. I'espere Messieurs, & bons amis, Dieu aydant vous faire voir dans peu de temps vn œuure plus vtile, qué sera vn recueil des Mathematiques, auec plusieurs belles pratiques, & pourtraits d'instrumens : par lesquelles m pourra se-rendre capable de soy mesme de fortisier places & faire bastimens : Bref se rendre expert ingenieux. I'ay enuoyé à Paris

pour faire les figures, cependant ie suis
voftre feruiteur perpetuel.

FIN.

Iamais en ville ne prouince
Ne rencontray gens plus heureux
Sans auoir foin de Roy ne prince,
Cherchans leur vie que les gueu x:
eftant enfemble font ioyeux,
Et demeine ruftique vie,
L'artiz & la crie auec eux,
Du gourd la Roüillarde gaudie.

CY COMMENCE LE DIC-
TIONNAIRE BLES QVIEN,
donc le François est le premier-

B

Bouche, Pan-
tiere.
Bras, Lians,
Barbe, Filée.
Bon Mercier,
Coefme.
Bonet Ambion·
᷑er, Fouquer,
᷑Cornant.
bri-

Cheueux, filets.
Couillons, Bat-
touers.
Con, Bis.
Capitaine, franc
foignar d,
Cocq. Orlogo.
Chappons orniós
ou castrots.
Chair, crie,
Cheual Harnois.
Chambriere, Li-
mogere,
᷑einture, Estrai-
᷑noite·
᷑opeau: com-

Chier, Mousser, Espée. Flambe, 13
ou filet du Eguillettes.
prouas. Liettes.
Chien, Habin, Escuelle, Grosse,
Couille, qui ge Escu, Rusquin.
prois. Estoilles louche-
Chemin, Pelé. tes,
Cousteau : Lin- Enfant, Pechon,
gre. Enfant, esueillé :
Cidre, Pie hau- Pechon de Rubi.
toche.

D F

Diable, Guelier. Four, L'abbaye.
Dame, Ripaude Femme, Mille.
Damoiselle, Ru- Fouir, Embier.
piole. Foind, Pelard.
Dents, Piloches. Feu, Riffle.
Doubles, Broc- Four chaud, l'ab-
que. baye ruffante.
Denier, pied.

E G

Espaule, Cour- Gouiat, aquige-
bes. ornie.
Euë, Ance, Guette, Foigne,

Gans, Mitauflés.

Garou, vn gue-
lier

Geollier: courier
des quantons:

Gueux, Affur.

H

Harquebuze.
Pouffante.
Haut de chauf-
fes.
La foreft de prou
as.

I

Iambes, Quillés.
Iument, Hanois
Iartier, Ligots.
Iuge de village,
illois vain.

L

La tefte, com-
plette ou tron-

che,

La langue, pla-
tuë.

Lieutenant, Ca-
gou,

Liard, Herbe.

Luy mefme, Ses
iis,

Lict, Peaux hu-
ré.

Linceux, Limans

La nuict, la veine
couchante:

Larron, Attri-
meur.

M

Mains, Gafantes
Mauuais, Tout
vain.
Mercerie, Coef-
melotiere.
Mercier: Coef-
melotier.
Bon mercier,
Coefme.
Marchand grof-

fier.
Coefmeloti er hu
  ré.
Mâteau, Volant,
Manger, Gouffer
Maifon, Taude.
Merde, Mouffe.
Marefchal, Souf.
Marefchal, Souf-
  flard, Coquard
  Bruflard
mocquer, Bau-
  cher:
Moy mefmes.
  Mez iis.
Marié, Daulué
Mariage, D'aul-
  uage.
Mort, Cofny.

M

Nez, Minois,
Nous, Noriis,
Notaire, Serad.

O

Oreilles, Ances,

P

Paillard, Riuard.
Pain, Artis.
Poule, Ornie.
Poullets, Orni-
  ons.
Premier des gu-
  eux, Coefre.
Pré, Pelardier.
Poignard Famb-
  bart.
Pourpoint, Geor
  get.
Paille, Fr etille,
Pourceau x, gro-
  hant.
Pendú, Soudu,
Potence, Sour-
  delle.
Putain, Riuarde.
Pieds, Les por-
  tans ou trotins.
Pacquet que por-
  tent les gueux.
La hocquette.

S   Toy mesmes.

Tezlis.

Soldart, foignard   Tonnerre, Bru-
Souliers, Paſſans,   ant,
Sergét, Aſſurard.
Sold, Rond.   V
Soleil, couchant

       Là vie, Ligante
   T   Vit, Chouard,
       Vin, Pyuonais,
Teſte, complette   Valet, Miloger.
ou tronche.   Ville Vergue.
Trique houzes,   Vaches, cornan-
Trinolles   tes,
Trōper, aquiger.
Trompeur, aqui-   Y
geur.
Teſtó, Teſtouin.   Yeux, Luants.

Le franc Mitou birat nos is, à ſon
en: Et te is & mes is, la ſoupirante
gonuernée & ligante. Ainſi ſoit il
Zif, Signé. Amen.

FIN.